사랑으로 그린 얼굴

글·그림 함유진

불휘미디어

고모

울 아빠 누나예요.
저한테는 고모이기도 하죠.
저를 많이 좋아해 주는 고모가
앞으로 좋은 일이 생겼으면 해요.

아빠

내가 많이 좋아하는 아빠예요.

아빠한테 많이 잘해 드리고 싶어요.

아빠가 많이 행복했으면 좋겠어요.

엄마

나한테 따뜻한 사랑의 관심을 가져주는 엄마입니다.

엄마 한테도 많이 잘해 드리고파요.

울 엄마한테 좋은 일만 가득했으면 합니다.

친오빠

내가 좋아하는 친오빠 입니다.

저를 좀 놀리긴 해도

저는 친오빠가 많이 좋아요.

사촌 오빠

우리 가정에는 친오빠랑 사촌 오빠 나이가 같아서

친오빠랑 만나면 친구처럼 지내요.

사촌 오빠도 친오빠처럼

좋은 일이 많이 있었으면 정말 좋겠어요.

나의 첫 번째 작은 어머니

나의 첫번 째 작은 어머니는
얼굴 화장을 잘하시는 편입니다.
앞으로 우리 가족이랑 잘 지냈으면 합니다.

나의 두 번째 작은 어머니

나의 두번 째 작은 어머니는

기본 지식이 많아요.

나의 두번 째 작은 어머니도 행복했으면 해요.

류 권사님

나를 교회에서 많이 아껴주고 사랑해주는 권사님입니다.

우리 엄마 친구이기도 하지요.

앞으로도 우리 엄마랑 잘 지내고

류 권사님도 꼭 행복했으면 합니다.

이 권사님

이 권사님도 저를 교회에서 많이 사랑해 주는 분입니다.

앞으로 좋은 일이 가득 했으면 좋겠습니다.

아빠 친구

아빠 친구입니다.

아빠가 좋아하는 친구입니다.

앞으로도 우리 아빠랑 서로 잘 지냈으면 합니다.

박 권사님

박 권사님입니다.

우리 엄마 친구입니다.

우리 엄마랑 앞으로도 잘 지냈으면 합니다.

사돈 아가씨

나의 사돈 아가씨는 많이 착하고 똑똑합니다.

앞으로도 좋은 일 많이 생겼으면 합니다.

사랑하는 남편

이 그림 속에 있는 분은 남편입니다.

우리 남편은 저에게 많이 잘해줍니다.

우리 여보야가 앞으로 좋은 일만 가득 했으면 합니다.

나

다른 사람도 그렇겠지만 저는 저 자신을 많이 사랑합니다.

저는 제 자신이 사랑을 많이 받았으면 합니다.

저는 사랑을 주고 받는 걸 좋아합니다.

앞으로 좋은 일만 가득 했으면 합니다.

사촌 여동생

요즘에 마음이 밝아져서 제가 그냥 기분이 괜히 좋습니다.

좋은 일도 생겼으면 좋겠고

앞으로도 우리 가족이랑 잘 지냈으면 합니다.

박 사모님

우리 교회 사모님입니다.

앞으로 저랑 잘 지냈으면 합니다.

함유진

안녕하세요.
30대 여성 유진이 입니다.
평소에 그림 그리기를 좋아하고
기본 시사에 관심이 조금 있습니다.
앞으로도 저와 제 가족이 좋은 일만 있었으면 합니다.
그리고 세상이 조금이라도 그림같이 아름다워졌으면 합니다.

삶은예술 그림책

사랑으로 그린 얼굴

초판1쇄   2023년 12월 24일

글·그림	함유진
펴낸이	김리아
펴낸곳	불휘미디어
	등록번호 제567-2011-000009호
	주 소 경상남도 창원시 마산합포구 오동동10길 87
	전 화 (055) 244-2067
	팩 스 (055) 248-8133
	전자우편 2442067@hanmail.net

값 12,000 원
ISBN 979-11-92576-37-4   77810